Extrait des Nouvelles Annales de la Marine et des Colonies
(livraison d'octobre 1850).

CAMPAGNE

AUX

COTES OCCIDENTALES D'AFRIQUE,

Par M. E. BOUËT-WILLAUMEZ,

CAPITAINE DE VAISSEAU, COMMANDANT LA DIVISION NAVALE SUR CES CÔTES.

> « Gardez-vous, en désirant une escadre française de
> « croiseurs occupés à sillonner les mers de Guinée,
> « d'habituer par trop les matelots français à la vie de
> « l'Océan *(to make Ocean their home)*. » *(Discussion de
> la Convention du 29 mai 1845 dans le Parlement bri-
> tannique.)*

PARIS,

IMPRIMERIE ADMINISTRATIVE DE PAUL DUPONT,

Rue de Grenelle-Saint-Honoré, 45 (ancien 55).

1850

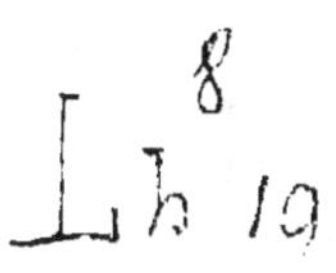

CAMPAGNE

AUX

COTES OCCIDENTALES D'AFRIQUE.

CHAPITRE Ier.

Mission complexe de la station des côtes occidentales d'Afrique. — Descentes à main armée sur plusieurs points. —Progrès de notre commerce maritime sur le littoral africain. — Décadence de notre marine marchande en général. — Urgence d'y remédier. — Situation actuelle de la traite des noirs. — Moyens de répression. — Service spécial des croiseurs français. — Destruction des foyers de traite d'esclaves de la côte des Graines par les gens de Libéria et les marins français réunis. —Conséquences de ce coup de main.

Arrivé à Lorient, le 18 septembre 1848, pour y armer la frégate la *Pénélope* de 46 bouches à feu, j'en faisais ouvrir le rôle d'équipage le 20 ; le 10 octobre, elle mettait en rade ; le 17 octobre, elle était prête à appareiller et subissait l'inspection du préfet maritime, chacun à son poste de combat ; bref, le 6 novembre, c'est-à-dire moins d'un mois et demi après l'ouverture du rôle, elle appareillait de Lorient, et, malgré des alternatives de calme et de grand vent, en seize jours se rendait à Saint-Louis du Sénégal ; elle y mouillait devant Guet-N'Dar, et, peu de jours après, jetait l'ancre sur rade de Gorée, où ne tardèrent pas à la rallier successivement la majeure partie des quatorze bâtiments de la division navale des côtes occidentales d'Afrique dont j'avais le commandement.

D'après les ordres du ministre de la marine, ma mission avait un double objet : il s'agissait d'abord de rétablir l'autorité du pavillon français sur plusieurs points où elle avait été violemment méconnue ; puis de poursuivre à outrance la traite des noirs, qui commençait à s'abriter audacieusement sous nos couleurs : de l'attaquer même dans sa source en détruisant les repaires des négriers, à l'aide de descentes à main armée opérées par les marins de la division sur les fractions de territoire où nous pouvions guerroyer sans violer les règles du droit international. Le mois de janvier tout entier fut consacré à assurer les vivres et les rechanges de la division, à organiser le service intérieur et extérieur des bâtiments qui la composaient, et à pousser rapidement les exercices de toute sorte, de canon, de voiles et de mousqueterie ; je profitai même du voisinage de la presqu'île *Bélair* pour familiariser avec les principales manœuvres d'infanterie une partie des équipages destinés à combattre à terre. Ces manœuvres étaient : l'école des tirailleurs, la formation du carré, la marche sur double colonne d'attaque prête à se déployer en bataille ou à se former en carré très-rapidement ; les changements de front, les feux, etc., toutes choses enfin nécessaires à pratiquer d'avance quand on doit entreprendre des coups de main sur terre, si l'on veut marcher contre l'ennemi avec confiance dans le personnel dont on dispose. Et, à ce sujet, qu'on me permette une réflexion : quelques prétendus *loups de mer* s'efforcent de jeter le ridicule sur ces exercices militaires, en vue sans doute de se donner ainsi, à peu de frais, un vernis essentiellement marin. Mais, en vérité, lorsque *Duguay-Trouin* passait un mois en relâche à *Porto-Grande* (archipel du cap Vert), pour y organiser les équipages de son escadre en corps expéditionnaire destiné à faire le siége de *Rio-Janeiro*, après en avoir forcé l'entrée avec ses vaisseaux ; lorsque *Nelson* préparait également ses marins, tantôt à opérer une descente armée sur *Sainte-Croix de Ténériffe*, tantôt à assiéger le fort de *Saint-Jean de Nicaragua*, se doutaient-elles, ces deux grandes illustrations de la France et de l'Angleterre, que certains myrmidons maritimes de notre époque n'accorderaient que le sourire du dédain aux sages préparatifs de leurs expéditions ?

Vers les premiers jours de février 1849, les bâtiments réunis sur la rade de Gorée purent donc appareiller pour descendre la côte, et nous nous dirigeâmes vers les divers points où il devenait urgent de rétablir par la force, précédée toutefois de sommations répétées, le respect dû aux couleurs de la France.

Je ne reviendrai pas sur les trois expéditions effectuées en 1849 par les équipages d'une partie de la division. Dans les deux premières, notre pavillon insulté, foulé aux pieds par des pirates noirs ou des tribus rebelles, que des agents étrangers avaient poussées à la révolte, s'est relevé plus influent que jamais, grâce à la bravoure des marins débarqués à terre pour les combattre. Dans la dernière, nous avons attaqué et détruit, conjointement avec les troupes de l'État naissant des Libériens qui nous avaient appelés à leur aide, les foyers de traite d'esclaves établis par les négriers sur le territoire de *Libéria* lui-même.

Quarante-deux officiers et marins français tués ou blessés dans ces différentes affaires témoignent de la résistance qui nous a été faite par les naturels, fort supérieurs en nombre et aussi bien armés que bien embusqués. Les conséquences de ces coups de main ont été presque immédiates; non-seulement de nouveaux affluents de rivière, fermés jadis à nos traitants, se sont ouverts devant nos avisos explorateurs ou troqueurs, mais la sécurité a reparu sur tout le reste de la côte d'Afrique pour qui s'abritait sous les couleurs de la France : c'est donc avec bonheur qu'aujourd'hui je remarque, en interrogeant les documents officiels, que, sur le journal du bâtiment stationnaire de la rade de Gorée, par exemple, se trouvent enregistrés les mouillages de cent vingt-cinq bâtiments de commerce français au-dessus de 100 tonneaux, et de cent trente autres bâtiments au-dessous de 100 tonneaux ; que, sur la fraction de côte comprise entre ce point, de Gorée à Sierra-Leone seulement, les rapports du capitaine croiseur chargé de sa surveillance, constatent l'arrivée de quarante-quatre trois-mâts ou brigs français venus prendre charge, d'avril 1849 à mai 1850, aux points de *Matacong*, *Rio-Nunez*, *Rio-Pongo*, *îles de Loss*, etc. La confiance maritime a donc reparu sur les mers africaines, où d'ailleurs, avant 1848, les progrès de notre navigation marchande contrastaient avec la décadence où elle était tombée sur presque toutes les autres mers du globe ; et, en effet, en janvier de cette même année 1848, alors que je faisais paraître une publication sur le commerce licite et illicite de l'Afrique occidentale, je résumais les relevés de douanes de plusieurs années par ces quelques lignes déduites de l'examen des faits : « Le mouvement commercial de la France dans nos possessions sénégalaises, qui était de 11,832,912 fr. en 1840, a atteint en 1846 le chiffre de 23,880,139 fr., c'est-à-dire a doublé en six ans, et a progressé plus rapidement encore sur le reste des côtes occidentales d'Afrique. » Tout concourt donc pour nous faire espérer que cette inépuisable mine d'échanges qui rayonne continuellement de l'intérieur de l'Afrique sur son littoral par la voie des caravanes ou celle des rivières, ces grands chemins qui marchent, ne cessera pas d'être le but des opérations de nos armateurs; pas plus maintenant qu'autrefois, l'égide de notre station navale ne leur fera défaut pour les protéger efficacement dans cette voie de progrès maritime et commercial, que les officiers de la marine militaire sont trop heureux de constater chez leurs nationaux. Et, puisque je me trouve appelé à parler ici du mouvement maritime et commercial de la France sur la côte Ouest de l'Afrique, je hasarderai quelques mots sur la décadence de notre navigation marchande en général, sans laquelle cependant non-seulement notre armée navale ne trouverait plus à se recruter de gens de mer, mais deviendrait un effet sans cause.

Cette décadence n'est que trop prouvée par les faits depuis les traités de 1826, dits de réciprocité ; ainsi, les états comparatifs officiels des années 1827 et 1847 nous apprennent que, non-seulement en 1847 nous ne possédions plus un *seul* bâtiment de commerce de 600 tonneaux, mais que nous ne comptions plus la *moitié* des navires de 500 à 600 tonneaux portés sur les états de 1827 et seulement les *quatre-cinquièmes* des navires de 200 à 300 tonneaux énumérés sur ces mêmes états ; la réduction a même atteint les navires de 200 à 60 tonneaux et il n'y a d'accroissement que dans le nombre de navires de 60 à 30 tonneaux, c'est-à-dire dans notre petite navigation (*Procès-verbaux de la chambre des députés. — Session* 1847. *— Tome XIII, page* 278). Or, cet état de choses, déjà si fâcheux à cette époque, est devenu bien pire encore par suite du trouble que les événements politiques de 1848 ont amené dans nos armements commerciaux ; ainsi, les recherches faites à ce sujet nous révèlent que le mouvement maritime de la France avec les colonies et l'étranger, qui était de 3,146,000 tonneaux en 1847, est tombé, en 1848, à 1,965,000 tonneaux (*Tableau général du commerce de France avec ses colonies et les puissances étrangères pendant l'année* 1848). Si bien que le produit des douanes a été, en 1848, inférieur de près de 48 millions à ce qu'il avait été en 1847 ; les sucres des colonies sont compris dans cette diminution pour 19 millions; les laines pour 4 ; la fonte brute pour 3 ; le café pour 2, etc. A Paris, en particulier, la diminution de la douane a été de 50 p. 0/0, ce qui est l'indice d'une perturbation à peu près semblable dans la prospérité de la ville elle-même. Cette crise commerciale ne se répétera plus, espérons-le du moins ; mais la décadence de notre navigation marchande remonte plus haut et puise sa source ailleurs que dans des causes purement politiques. Or, il est de toute urgence que la France cherche à l'arrêter dans sa marche, sous peine de n'être plus à la tête des puissances maritimes de second ordre, ce qui la condamnerait, il faut bien qu'elle se le dise, à n'être plus une puissance continentale de premier ordre, maintenant surtout que, grâce aux mouvements rapides et imprévus des flottes à vapeur, les diversions sur les flancs de l'ennemi se feront de plus en plus par la voie de la mer. Il faut qu'elle se le dise, sous peine d'abandonner l'Algérie tôt ou tard. C'est donc à la sagesse du gouvernement et des représentants du pays à aviser et à l'arrêter dans cette voie de décadence, qui contraste si tristement avec le développement des marines marchandes de l'Angleterre et des Etats-Unis, voire même de la Hollande et de la Suède. Des propositions sérieuses ont été faites pour y mettre un terme : les unes émanent de la société du commerce et de l'industrie de Rouen, et sont adressées à MM. les ministres du commerce et des finances; elles réclament la révision des traités de navigation avec l'Angleterre et des droits sur les houilles ; les autres ont été déposées sur le bureau de la chambre par des représentants de la Seine-Inférieure, et concernent les rapports de la France avec ses colonies, les droits sur les sucres exotiques et indigènes, sur les cafés et les cacaos, la révision des primes accordées à la pêche de la morue, etc. Un assez grand nombre d'armateurs tourne plus particulièrement les yeux vers l'Amérique du Sud, où, grâce au goût prédominant pour nos produits, nous faisons déjà pour 150 millions d'affaires. Toutes ces propositions, autant qu'elles n'exposeront pas la France à une guerre de tarifs trop désavantageuse de la part des puissances maritimes signataires des traités de réciprocité, ces propositions, dis-je, appellent des solutions prochaines et fécondes pour notre navigation marchande; et ces solutions une fois obtenues, c'est notre devoir, à nous marins militaires, de les faire tourner, autant que possible, à l'avantage de notre marine du commerce, cette clef de voûte de notre établissement naval.

Après cette courte digression sur les résultats commerciaux obtenus aux côtes occidentales d'Afrique, examinons également quelles ont été les conséquences de nos croisières et de nos coups de main, au point de vue de la répression du criminel trafic des esclaves.

On est obligé de le reconnaître, ce trafic est encore en pleine activité ; sa grande et presque unique cause d'alimentation constante est toujours le Brésil où sont dirigés, en très-majeure partie, les 50,000 ou 60,000 noirs qu'en organisant leur brigandage d'hommes sur une grande échelle, les négriers viennent arracher annuellement à leur sol natal et à leurs familles. Le plus souvent, en effet, les esclaves que ces mêmes négriers entassent sans pitié sur leurs navires sont des prisonniers de guerre, de cette guerre qu'ils ont soufflée, en prodiguant la poudre et les fusils à telle ou telle peuplade africaine pour attaquer et surprendre les peuplades voisines dépourvues des mêmes moyens de défense ; les malheureux prisonniers noirs partent ensuite esclaves pour le Brésil où ils sont reçus par des négriers correspondants et sous le bon plaisir des autorités locales, en quelque sorte : c'est donc sur le continent américain qu'il faut surtout atteindre et frapper la traite des noirs, si l'Europe veut la détruire radicalement ; si cette Europe chrétienne veut sérieusement racheter son passé encore souillé des encouragements criminels qu'elle a prodigués à une autre époque au trafic des esclaves pour satisfaire ses luxueuses jouissances de produits tropicaux.

Quant aux moyens de répression employés sur les côtes d'Afrique pour couper court à la traite des noirs, laquelle, je le répète, ne se fait plus guère que pour le Brésil et par des navires plus ou moins bien transformés en navires brésiliens, ils consistent dans les croisières des bâtiments chargés de la police de la côte et dans les attaques des foyers de traite établis à terre ; les croisières, malgré les captures opérées, ne diminuent pas sensiblement le chiffre des esclaves transportés du continent africain sur le continent américain ; et, quant aux descentes à main armée, les gouvernements ne les autorisant que là où ils ont obtenu, par des traités, la police du territoire où sont établis les repaires et barracons de négriers, on comprend que le trafic des noirs soit encore vivace sur le littoral africain. Les croiseurs anglais ont d'ailleurs seuls le droit de capturer les négriers brésiliens, et ce droit leur est même contesté par l'empire du Brésil. Quant aux croiseurs français, leur rôle se borne à faire la police de leur pavillon national, c'est-à-dire à capturer tout navire français qui tenterait d'en couvrir une opération de traite de noirs. Or, depuis 1848 et surtout depuis la diminution considérable du chiffre des croiseurs de notre escadre, plusieurs navires français du commerce avaient pris une part plus qu'indirecte à des coups de traite d'esclaves; ils ne se gênaient pas pour arriver à la côte d'Afrique avec un assez grand nombre de pièces à eau, un faux-pont volant, d'immenses chaudières, etc., en un mot, tout ou partie de l'attirail indiqué par la législation existante comme motivant une arrestation sous prévention du crime de traite de noirs. Mes instructions me prescrivaient d'y mettre bon ordre, et je n'ai pas hésité à m'y conformer immédiatement ; espérons que les captures opérées, qu'une législation, sinon plus sévère, du moins plus complète sur la matière, couperont court aux tendances de ceux de nos commerçants qui cherchent ainsi à souiller les nobles couleurs de la France ; et cela, chose singulière, surtout depuis l'époque où les mots *liberté* et *fraternité* ont été inscrits sur les édifices publics de leur pays !

En ce qui touche le service des croisières, tel a été le résultat obtenu ; ce service n'avait trait et ne pouvait avoir trait qu'à la répression du trafic des esclaves sous le pavillon français ; quant à la répression de ce trafic sous tous les autres pavillons, nous ne pouvions, je le répète, y participer qu'en opérant des descentes armées à terre, et cela encore avec l'autorisation des chefs du territoire infesté de foyers de traite d'esclaves. C'est ce qui eut lieu sur la côte des Graines qui constitue maintenant, dans presque toute son étendue, le territoire de la république de Libéria, composée, comme on le sait, d'une population d'hommes de couleur américains émigrés volontairement sur un littoral africain, jadis peut-être à leurs aïeux. Déjà, en 1847, prévoyant les conséquences si favorables à l'extinction de la traite des noirs que la fondation de cet état chrétien et civilisé devait avoir inévitablement un jour, j'avais appuyé, près du gouvernement français, une demande de reconnaissance officielle, que les *Libériens* venaient d'ailleurs d'obtenir de l'Angleterre et des Etats-Unis, comme république indépendante. Grâce à cette reconnaissance officielle, nos marins, mêlés aux gens de couleur de *Libéria* et appelés par le chef de ce pays lui-même, ont pu débarquer en armes sur la côte des Graines et contribuer puissamment à la purger des quatre foyers de traite de noirs qui la souillaient encore du spectacle de leurs hideuses transactions ; barracons et marchandises ont été livrés aux flammes et les esclaves enchaînés rendus à la liberté : le trafic des noirs est donc actuellement concentré entre le golfe de Benin et les limites Sud du royaume d'Angola, ce qui nous permet de supprimer la subdivision de croiseurs de la côte des Graines. Rien qu'à ce titre, en vérité, l'état naissant de *Libéria*, auquel l'Angleterre et les Etats-Unis ont prodigué déjà des marques de leur libéralité, ne mériterait-il pas quelques secours en armes et munitions de guerre de la part de la France, dont le généreux appui a déjà purgé son territoire?

l'état naissant de *Libéria*, auquel l'Angleterre et les Etats-Unis ont prodigué déjà des marques de leur libéralité, ne mériterait-il pas quelques secours en armes et munitions de guerre de la part de la France, dont le généreux appui a déjà purgé son territoire?

CHAPITRE II.

Exercices de voiles.— Luttes de manœuvres entre la *Pénélope* et le *Portsmouth*. — Tir à boulets et à obus. — Le compresseur à percussion. — Maniement du sabre d'abordage. — Evolutions navales. — Réforme proposée dans la tactique officielle de 1852. — Coup d'œil rétrospectif sur les combats de mer.

Dans une escadre ou une division navale la discipline est la base première de toute organisation ; c'est un axiome : mais si, dès le début d'une campagne surtout, il est indispensable de l'établir tout d'abord en invoquant la rigueur des codes et des règlements, il n'est pas moins nécessaire de faire naître simultanément chez nos marins, et le juste orgueil de leur force, et l'esprit de l'émulation ; je tenais donc essentiellement à familiariser le plus promptement possible les navires sous mes ordres avec ces exercices de mer et de guerre qui décuplent, au bout de quelques mois d'armement, la valeur relative de l'équipage et de la machine de guerre dont il est le moteur animé, intelligent.— Pour faire appel à cet esprit d'émulation, je profitais de toutes les circonstances où des croiseurs se trouvaient réunis sous mon guidon de commandement pour les rompre aux exercices de voiles et aux manœuvres générales ; une fois les amours-propres en jeu, la division des côtes occidentales d'Afrique se faisait, en général, remarquer des étrangers par la rapidité de ses manœuvres de voiles, de ses appareillages surtout. Cette dernière opération est capitale pour des croiseurs mouillés souvent en pleine côte, et, par suite, obligés de mettre sous voiles avec la plus grande rapidité pour chasser tout navire qui vient à poindre à l'horizon. Je cite un exemple en prenant au hasard, dans le journal du bord, un appareillage exécuté, le 22 octobre 1849, en dehors des bancs et passes du Gabon par la *Pénélope*, la *Recherche*, le *Dupetit-Thouars*, l'*Argus* et l'*Achéron*, mouillés tous cinq en pleine côte, avec 80 brasses de chaîne dehors. La *Pénélope* fait à la division le signal d'appareiller, dès 6 heures précises du matin ; cette frégate vire ses 80 brasses de chaîne et hisse son foc : il est 6 heures 4 minutes ; elle envoie alors larguer toutes ses voiles, qui tombent à 6 heures 6 minutes 30 secondes ; elle borde, hisse, oriente et a tout établi grand largue à 6 heures 8 minutes 30 secondes. — Durée de toute la manœuvre : 8 minutes 30 secondes. Le reste de la division fut sous voiles, à quelques secondes près, dans le même laps de temps.

Sans doute j'eusse pu, avec ma frégate, appareiller plus rapidement encore si, une fois à long pic et sans pour cela cesser de virer au cabestan, j'avais établi toutes mes voiles en dérapant l'ancre simultanément ; mais les corvettes et les brigs de la division, n'étant point armés d'un équipage aussi nombreux proportionnellement, n'auraient pu imiter ma manœuvre, et je préférais égaliser les chances de tous les navires afin de mieux stimuler l'amour-propre des équipages : aussi, grande était la joie de celui auquel je faisais le signal de satisfaction pour récompenser sa prestesse ou son habileté dans l'exécution de la manœuvre ordonnée.

Le commodore anglais montait une frégate à vapeur ; il n'y avait pas lieu, conséquemment, de se mesurer avec son bâtiment en manœuvre de voiles. Ce fut donc avec le commodore américain, montant le *Portsmouth*, belle corvette à voiles, plus armée en hommes proportionnellement que ma frégate, qu'en mars 1850 je saisis l'occasion d'entreprendre des luttes de manœuvre. J'interroge de nouveau le journal du bord, et je vois que le 16 mars, par exemple, les deux navires ayant toutes leurs voiles larguées en bannière, les focs hissés, il s'est écoulé 1 minute 25 secondes depuis le moment où la *Pénélope* a commencé à carguer et à serrer ses voiles jusqu'à celui où, ces dernières étant toutes serrées, les bouts-dehors ont été amenés ; 45 secondes après, il ne se trouvait plus un seul homme dans sa mâture. Quant à la corvette le *Portsmouth*, 3 minutes 15 secondes s'écoulaient depuis le moment où elle commençait la manœuvre jusqu'à celui où elle la finissait ; et, en ajoutant 1 minute que mettaient ses hommes à descendre du gréement, c'était donc en tout 4 minutes et 15 secondes que cette manœuvre durait, c'est-à-dire plus que le double de celle de la *Pénélope*. On devine facilement quel était mon but en recherchant ces luttes de manœuvres de voiles, et quelle est mon intention en constatant la supériorité de nos marins dans leur exécution : un trop grand nombre de personnes en France s'étudient à déprécier nos bâtiments de guerre et nos équipages.

en portant aux nues tout morceau de bois qui flotte sous des couleurs étrangères ; en un mot, la marine n'y est pas *l'enfant du pays* comme en Angleterre et aux États-Unis. C'est là un déplorable travers, plus funeste cent fois que le travers opposé ; celui-là engendre le découragement ; celui-ci la confiance, cette source première de tout succès.

S'il est d'une importance majeure d'exciter l'émulation des équipages et d'étendre leur instruction pratique en tout ce qui touche la manœuvre des voiles, il n'est pas moins urgent, dès le début d'une campagne, de les familiariser tout d'abord avec le maniement du canon, cette arme du marin par excellence ; sous ce rapport, la besogne des capitaines est maintenant bien abrégée, grâce aux précieuses ressources que puisent les bâtiments de la flotte dans l'excellente pépinière des matelots-canonniers de la frégate-école : je ne constaterai donc ici que les résultats obtenus dans nos exercices de tir à boulet et à obus, résultats qui ne laissent pas que d'offrir un certain intérêt en ce qui touche surtout l'emploi des obus-*Billette* ou à percussion. Laissant d'ailleurs de côté les tirs que nous avons exécutés en mer sur des blancs flottants, puisque nous ne pouvions pas suivre, d'une manière certaine, les traces et le ravage des projectiles incendiaires, je prends dans le journal du bord le procès-verbal du tir à boulet et à obus exécuté, le 25 septembre, au mouillage de *Saint-Paul-de-Loanda* : le but était placé sur une presqu'île de sable à 4 encablures ¼ de la frégate ; il se composait d'une douzaine de barriques remplies de sable et superposées les unes sur les autres : cet échafaudage s'appuyait sur un talus de sable maintenu lui-même par d'autres barriques ensablées, et sur lequel s'élevait un mât battant pavillon rouge.

La frégate une fois embossée par le travers du but, le feu de file commença par la batterie couverte d'abord ; cette batterie, armée de canons courts de 30 et de canons-obusiers de 30, tira successivement 98 coups de canon, savoir : 14 avec l'obus-Billette ou à percussion ; 28 avec l'obus à mèche ; 42 avec l'obus d'exercice ou chargé de sable, et 14 avec le boulet plein. De ces projectiles, 20 frappèrent le but ; les autres le couvrirent de sable plus ou moins ; les obus-Billette, un seul excepté, éclatèrent tous en frappant le sol, même très-obliquement, sol qui ne se composait cependant que de sable assez mou. Quant aux obus à mèche, ils se comportèrent autrement : ceux qui rencontraient un massif de sable de manière à s'y loger, ne tardaient pas à éclater, mais ceux qui l'atteignaient obliquement et en ricochant n'éclataient guère qu'au deuxième ou troisième bond ; parfois même, continuant à ricocher sans éclater, ils allaient se perdre dans la mer, de l'autre côté de la presqu'île de sable par le travers de laquelle la frégate était embossée.

La batterie du pont tira à son tour 42 coups de canon à boulet et à obus : 10 coups touchèrent le but, et l'un d'eux coupa même en deux le mât de pavillon ; l'on fit d'ailleurs, à l'endroit des obus-Billette et à mèche, les mêmes observations que pour le tir de la batterie couverte. Or, ces résultats répondent si victorieusement aux doutes qu'on s'était plu à exprimer sur le mécanisme incendiaire de feu notre collègue *Billette*, que je m'empresse de les reproduire ici. En terminant ce qui est relatif à ces exercices de tir, dont personne, je suppose, ne s'aviserait de contester l'utilité, malgré les accidents auxquels ils donnent souvent lieu, un mot sur les remèdes à tenter pour prévenir, autant que possible, ces accidents. Si nous fûmes assez heureux pour n'en éprouver d'aucune sorte à bord de la *Pénélope*, il n'en fut pas de même dans toute la division, et, à bord de l'*Argus*, entre autres, il me fut signalé, au milieu d'un exercice à feu, que le chargeur d'une caronade avait été blessé par son écouvillon de manière à rendre l'amputation du bras indispensable ; et cependant, le chef de cette pièce était un matelot-canonnier breveté, un homme froid, éprouvé, qui assurait n'avoir jamais cessé de tenir le pouce sur la lumière de la pièce pendant qu'on la chargeait, et rejetait la faute sur le chargeur lui-même, peu soigneux d'écouvillonner complétement, disait-il. En présence de ces deux causes d'accidents, il convient de rechercher du moins à en atténuer une avec efficacité, et c'est ce que semble promettre le *compresseur à percussion*, imaginé à Lorient, par le garde d'artillerie *Moysan*. Grâce à ce nouveau mécanisme, qu'accompagnent aussi des étoupilles nouvelles dites *rétrofluides*, non-seulement la lumière est bouchée hermétiquement pendant qu'on charge la pièce, mais, en outre, cette lumière est garantie de l'action destructive du fluide qui en sort après chaque coup ; or, cette action est telle, que ladite lumière finit elle-même par s'agrandir avec une assez grande rapidité, et oblige, à la longue, à rebuter la pièce. L'invention du sieur Moysan, déjà soumise, devant la commission de Gâvre, à des épreuves qui lui ont été, assure-t-on, favorables, est en ce moment l'objet de l'examen du contre-amiral Laguerre, inspecteur général d'artillerie; c'est dire assez qu'elle sera traitée suivant ses mérites; et, s'ils sont réels, on ne peut trop s'en applaudir, dans l'intérêt de l'humanité et de notre matériel d'artillerie tout à la fois.

Lorsque le matelot est familiarisé avec les voiles et les canons de la formidable machine de guerre qu'il monte, c'est beaucoup, c'est presque tout; et, cependant, il reste encore quelque chose d'assez important à lui apprendre pour faire de lui un homme de mer et de guerre accompli : il reste à le familiariser avec les menues armes du bord, lesquelles sont le fusil, le pistolet et le sabre d'abordage. J'ai déjà dit que, dès le début de la campagne, je m'étais hâté d'exercer les équipages des navires alors ralliés à mon guidon, non-seulement à l'exercice de la mousqueterie, mais encore à certaines manœuvres d'infanterie dont ils pouvaient avoir à faire l'application fort incessamment dans les coups de main que je projetais pour exécuter les instructions ministérielles. Ces résultats une fois atteints, je m'occupai de les former au tir du pistolet à balle et au maniement du sabre. Bien que, dans un autre rapport officiel, je me sois étendu assez longuement sur ce dernier exercice, je crois utile d'en reparler, ne fût-ce que pour combattre, par l'évidence des résultats obtenus, l'indifférence qu'apportent encore certains officiers à le faire pratiquer sérieusement à leur bord.

Comme d'habitude, j'avais fait appel aux maîtres et prévôts d'armes du bord pour leur expliquer l'ensemble de la méthode que je désirais voir adopter : elle consistait à subdiviser les matelots armés de sabres dans le branle-bas de combat en autant de sections qu'il y avait d'instructeurs; puis, ces derniers alignant, à un mètre de distance l'un de l'autre, les hommes de leur section, tous armés de sabres de bois, leur enseignaient les coups principaux de pointe, de poignet, de tête, de flanc, de ventre et de jambe; l'apprentissage des coups de parade ne tardait pas à suivre celui des coups d'attaque, après quoi, la moitié des élèves se mettait à combattre l'autre moitié sur le pont, au grand contentement des hommes qui préféraient, certes, ce genre d'exercice à tous les autres. Au maniement du sabre succéda celui de la canne dans les moments de loisir; puis la savate se mit de la partie, si bien qu'à la fin de la campagne, cet équipage, composé en majeure partie d'assez lourds marins Bas-Bretons, avait acquis une désinvolture et une agilité qui frappèrent tout le monde ; je n'ajoute pas qu'ils avaient de leur habileté comme sabreurs une telle opinion, que l'abordage d'élite, composé de quatre-vingts maîtres, prévôts ou tireurs de première force, n'eût pas douté, avec une fatuité des plus amusantes, mais louable au fond, d'enlever une frégate ennemie à l'abordage en moins d'un quart-d'heure.

J'arrive maintenant aux quelques évolutions navales qu'il m'a été possible de faire exécuter aux croiseurs, losque les circonstances m'ont permis d'en réunir 5 ou 6 momentanément à tel ou tel point de rendez-vous, où je ne tardais pas à paraître moi-même avec ma frégate. Par suite de ce petit nombre de bâtiments, ces évolutions se sont bornées à marcher en deux colonnes, à se mettre en ligne et à virer vent devant ou vent arrière tout à la fois, ou par la contre-marche ; et je ne les mentionnerais même pas dans ce rapport, si elles ne se rattachaient à un simulacre de combat naval, que j'ai fait exécuter pour étudier une question de réforme assez importante dans le texte de notre tactique officielle de 1832. Cette question, la voici :

Est-il sage de conserver l'appellation d'ordre de bataille à la ligne de vaisseaux naviguant au plus près dans les eaux les uns des autres, ordre vulnérable et condamné par l'expérience des guerres passées ? Ne serait-il pas plus rationnel de lui donner simplement, dans la tactique officielle, l'appellation d'ordre de marche sur une seule ligne au plus près du vent, les amures à tribord ou à bâbord, afin de laisser le génie de nos amiraux officiellement libre d'attaquer ou de repousser l'ennemi, soit sur une seule ligne, soit sur deux ou trois colonnes, suivant l'ordre de défense ou d'attaque de cet ennemi lui-même ? Ne craint-on pas, je le répète, en conservant l'appellation d'ordre de bataille à cette ligne unique de vaisseaux rangés dans les eaux les uns des autres, et rien qu'à elle seule, d'appeler sur nos escadres de nouveaux désastres, exposées, comme elles le seraient encore, à voir leur longue ligne de bataille coupée et, alors, enveloppée en partie par des forces supérieures ?

Pour répondre à cette question, il me semble d'abord nécessaire de faire une rapide excursion dans le passé des combats de mer, et d'y étudier la marche de la tactique navale ; je vais donc interroger brièvement ce passé.

Le combat d'escadre à escadre, sur deux lignes parallèles de vaisseaux, se tirant des coups de canon à qui mieux mieux, fut inauguré vers le milieu du seizième siècle et prévalut jusque vers la fin du dix-huitième ; à cette dernière époque, un amiral anglais, *Rodney*, commet l'excentricité, et cela en quelque sorte sans le vouloir, au dire des Anglais eux-mêmes, de couper le milieu de la ligne française avec la sienne, afin d'y jeter le désordre, ce qui lui réussit fort bien : Suffren, de son côté, en 1782, dans un des brillants combats qu'il livre contre l'escadre anglaise de la mer des Indes, rejetant loin de lui la routine de la ligne de bataille, s'avance sur deux colonnes de front pour engager le centre et l'arrière-garde britanniques ; il est sur le point d'appliquer l'excellente maxime de guerre qui consiste à masser des forces sur une partie de l'armée ennemie pour l'écraser rapidement, avant que l'autre partie soit venue à son secours ; mais un violent orage survient, déjoue ses projets d'attaque, déjà en voie d'exécution, et, en sauvant l'armée anglaise, ravit ainsi à l'amiral français l'initiative d'une tactique que Nelson devait, quelques années plus tard, inaugurer sur mer, alors que Napoléon l'appliquait avec tant de génie sur terre.

Et que dit aujourd'hui notre livre de tactique officiel au sujet de la ligne de bataille ? Après lui avoir donné, et rien qu'à elle, l'appellation d'ordre de bataille dans le livre des signaux, elle ne la considère plus que comme un ordre préparatoire de combat dans les commentaires de ce livre, ce qui semble impliquer contradiction. Voici, en effet, ce que disent ces commentaires : « La théorie des combats en escadre est « définitivement modifiée en ce sens qu'il ne faut plus voir « dans la ligne de bataille tout un système de guerre, mais « plutôt une facilité puissante pour soutenir ou engager favo- « rablement un choc qui sera rude et souvent suivi d'une « mêlée. »

Ce qui veut dire, ce me semble, que c'est un ordre de bataille destiné à ne pas servir d'ordre de bataille ; et alors pourquoi lui en conserver le nom ? si ce n'est plus qu'un ordre préparatoire, pourquoi ne pas l'appeler tout simplement *ordre de marche sur une seule ligne, au plus près du vent, tribord ou bâbord amures ?*

Et puisque la tactique navale est définitivement modifiée, au dire du livre officiel lui-même, qui est fort réservé d'ailleurs sur les modes nouveaux d'attaque et de défense, pourquoi persister à conserver encore, à une ligne plus ou moins longue de vaisseaux, cette appellation d'ordre de bataille susceptible d'induire en erreur plus d'un chef d'escadre trop esclave des termes officiels de son livre-guide? Ne serait-il pas plus rationnel, je le répète, que la ligne de bataille, au plus près du vent, redevînt, purement et simplement, un ordre de marche, comme l'ordre de marche sur deux ou trois colonnes, l'ordre de front, etc.? Au génie des amiraux ensuite, délivré du joug officiel de cette ligne si vulnérable, à attaquer ou à repousser l'ennemi, suivant les circonstances et l'ordre dans lequel il se présentera lui-même, ordre rendu plus problématique encore par le nouvel élément qui vient de prendre place dans les batailles navales, la vapeur?

On s'imagine bien que, dans une question de cette gravité, je n'ai pas la prétention d'affirmer, mais seulement d'étudier, d'interroger l'opinion de la marine, d'autant plus que l'opinion contraire est professée par un certain nombre d'officiers distingués de la marine, et, entre autres, par mon digne camarade et collègue Jurien-Lagravière (Edmond), dont la plume éloquente nous a décrit, avec un talent si remarquable, les guerres de la République et de l'Empire : « Entre vaisseaux « également exercés, vouloir se guider sur cette tactique ex- « centrique, telle qu'elle ressort des exemples plus encore que « des préceptes de Nelson, ce serait, on peut l'affirmer sans « crainte, courir à une perte certaine ; » ainsi s'exprime le capitaine Jurien. Les officiers qui manifestent une opinion semblable sur les règles stratégiques du célèbre amiral anglais l'appuient des raisons que voici : chiffre restreint des vaisseaux, dont se composeront probablement les escadres futures ; vaisseaux mieux armés, mieux équipés, ce qui condense les forces au lieu de les éparpiller comme autrefois ; partant, plus de ligne de bataille étendue et vulnérable ; donc facilité plus grande à une des fractions de cette ligne de se porter au secours de l'autre fraction de vaisseaux enveloppés ; habileté actuelle de nos canonniers, pour recevoir, par un terrible feu d'enfilade, *en plein bois*, cette fois-ci, les groupes de vaisseaux ennemis gouvernant le cap sur des vaisseaux qui leur présentent leur formidable travers.

Quelque spécieuses que soient ces raisons, elles n'ont pu, quant à moi, me convaincre de l'excellence de la ligne de bataille. En ce qui touche les bordées d'enfilade que des vaisseaux en ligne lancent à des vaisseaux gouvernant le cap sur eux pour les couper et les envelopper, on peut répondre que *Colingwood*, à Trafalgar, évita les effets désastreux de ce feu d'enfilade en s'enveloppant de fumée et en faisant coucher tout son monde à plat ventre sur les ponts jusqu'au moment où, entourant nos vaisseaux avec des forces supérieures, il leur vomit ses terribles bordées à doubles projectiles, à portée de pistolet ; et, quant aux secours qu'une partie de la ligne de bataille viendra porter, dit-on, rapidement à la partie attaquée grâce à la petite étendue de cette ligne désormais, ces secours ne seront-ils pas encore trop tardifs? Car, si d'un côté, cette ligne n'exige plus que le développement de 12 ou 15 vaisseaux, je suppose, ce qui accélérera en effet la mobilité des forces, d'un autre côté les progrès destructeurs de l'artillerie actuelle ne feront-ils pas un ravage si épouvantable et surtout si rapide que les vaisseaux enveloppés par l'ennemi ne seront plus, à l'arrivée des secours, que des charniers flottants, livrés de toute part aux flammes? J'ai toujours pensé qu'il était du devoir des chefs d'escadre ou de division navale d'intéresser à toutes ces questions le plus grand nombre possible de leurs jeunes officiers, qui sont l'avenir de notre flotte ; c'est ainsi, du moins, que je comprenais ma mission ; aussi, bien que placé à la tête d'une fort modeste *escadre*, composée de fort modestes *vaisseaux de ligne*, je profitai un jour, comme je l'ai déjà mentionné, de l'agglomération de plusieurs croiseurs autour de mon guidon pour évoluer avec eux dans le golfe de Biaffra, et leur faire exécuter ensuite un simulacre de combat sous voiles. Voici, à ce sujet, les instructions que je donnais à cette subdivision :

« L'intention du commandant en chef est, le second ou le « troisième jour de mer, de signaler, à la subdivision qui a « rallié son guidon, de former une ligne étendue de 1,450 toises « ou 14 encablures $\frac{1}{2}$, ce qui représente la longueur d'une « ligne de 15 vaisseaux, naviguant à $\frac{1}{2}$ encablure de distance « les uns des autres.

« Puis, le commandant en chef, représentant avec sa fré- « gate un groupe de vaisseaux ennemis massés au vent, lais- « sera porter pour écraser ceux des croiseurs qui représen- « tent l'avant-garde de la ligne française ; cette avant-garde, « en ripostant au feu de l'ennemi, signalera au corps de ba- « taille et à l'arrière-garde de se porter à son secours : le com- « mandant en chef veut s'assurer du nombre de minutes que « les deux fractions non attaquées de la ligne française met- « tront alors à se jeter ainsi dans la mêlée, et il désire expéri- « menter, fût-ce même sur la petite échelle que l'exiguïté,

« comme le petit nombre de croiseurs, l'oblige à admettre,
« si elles arriveront assez à temps pour empêcher la fraction
« attaquée d'être écrasée par l'artillerie supérieure des vais-
« seaux ennemis massés autour d'elle. »

Par un vent à filer 5 nœuds environ, je fis donc exécuter
ces divers mouvements à la subdivision, qui s'étendit sur une
ligne de 14 à 15 encablures environ : puis, j'attaquai l'avant-
garde de cette ligne avec la *Pénélope*, à 2 heures 50 minutes.
Cette avant-garde, en nous ripostant, mit en panne et appela
à son secours le centre et l'arrière-garde, lesquels se couvrirent de toile pour y arriver le plus tôt possible; mais 28 minutes s'écoulèrent avant que le centre pût se jeter dans la
mêlée, et 40 minutes avant que l'arrière-garde pût, elle-même,
prendre part au combat : or, pendant ce laps de temps, que
fût devenue la pauvre avant-garde, supposée prise entre deux
feux, avec les ravages de l'artillerie?... Qu'on en juge un peu :
la *Pénélope*, pendant les 24 minutes qu'avait duré son feu,
avait tiré 404 coups de canon contre ladite avant-garde, sans
précipitation, et chaque pièce ne faisant feu qu'alors qu'elle
apercevait le bois d'un navire combattant, c'était donc seize
projectiles qu'elle eût lancés par minute à l'ennemi; pendant
les 30 minutes qu'avait duré le ralliement moyen des non-
combattants de la ligne, elle en eût lancé 480; et, si elle avait
été vaisseau de ligne, le double, c'est-à-dire 960 boulets, dont
moitié eussent pu être incendiaires. Un vaisseau pris entre
deux feux pourrait-il donc, pendant une demi-heure, suppor-
ter les ravages d'une grêle de boulets deux fois plus considérable encore, soit 1,920 projectiles pleins ou incendiaires ? Et
la défense, quelque vive qu'elle pût-être, lui assurerait-elle,
après cette demi-heure, autre chose que l'avantage de couler
ou de sauter glorieusement sans doute, mais de périr en tout
cas? On opposera sans doute à ce résultat l'arrivée des secours
de vaisseaux se jetant tout frais dans la mêlée pour continuer
la lutte avec l'ennemi, déjà rudement travaillé lui-même;
mais ne seront-ils pas quelque peu démoralisés, ces vaisseaux,
s'ils aperçoivent les leurs déjà en flammes ou réduits à l'état de
pontons jonchés de cadavres ? Et cette déplorable situation,
au contraire, ne serait-elle pas de nature à redoubler l'ardeur
des ennemis, dont les forces groupées auront atteint ce premier résultat? Ceci est presque l'histoire d'hier, et c'est pour
ce motif que la tactique officielle doit, ce me semble, être modifiée comme je l'ai expliqué plus haut; c'est-à-dire ne déter-

miner aucun ordre de bataille, puisque d'ailleurs elle se dédit, en quelque sorte elle-même, après avoir appelé de ce nom une seule ligne de vaisseaux naviguant, au plus près du vent, dans les eaux les uns des autres : la chose me semble d'autant plus désirable que nous sommes dans une période de transition, en fait de stratégie navale, et qu'alors surtout les règles écrites, loin d'enchaîner les amiraux, doivent ouvrir un champ vaste et libre à leurs combinaisons nouvelles. Qui sait d'ailleurs si la marine française, cet antique champion de la liberté des mers, ne sera pas encore appelée à y soutenir l'indépendance des marines secondaires? Et alors n'est-ce pas le cas de s'écrier, avec le célèbre historien du Consulat et de l'Empire : « Quand « la guerre est une routine purement mécanique, consistant à « pousser et à tenir l'ennemi qu'on a devant soi, elle est peu « digne de l'histoire ; mais quand on voit une masse d'hommes « mus par une seule et vaste pensée qui se développe au mi- « lieu des éclats de la foudre avec autant de netteté que celle « d'un Newton ou d'un Descartes dans le silence du cabinet, « alors le spectacle est digne du philosophe, autant que de « l'homme d'État et du militaire ; et si la plus noble des cau- « ses, la liberté, est en jeu, alors la scène devient aussi morale « qu'elle est grande. »

CHAPITRE III.

Coup d'œil général sur les trois divisions navales, française, anglaise et américaine, aux côtes occidentales d'Afrique. — Luttes de marche. — Infériorité de notre cuivre à doublage. — Chiffre des naufrages des deux marines française et anglaise depuis 1850. — Solde comparative des officiers des trois marines. — Des chances d'avancement des officiers. — École navale des Cadets à Greenwich.

La France, l'Angleterre et les États-Unis sont les trois seules nations maritimes qui entretiennent une escadre, ou plutôt une division de croiseurs sur les côtes occidentales d'Afrique pour y faire la police de leurs couleurs respectives : l'Angleterre, outre la police du yacht britannique, exerce encore celle des pavillons d'Espagne, de Portugal et du Brésil, qu'elle a obtenue diplomatiquement jadis de ces nations, afin de pourchasser les négriers qui, à défaut de croiseurs de guerre espagnols, portugais et brésiliens, en arboraient et en arborent encore presque exclusivement les couleurs ; la division anglaise est donc toujours composée de 20 croiseurs au moins. La division française, portée au chiffre de 14 navires de guerre dans le début de mon commandement, a été réduite depuis cette époque ; quant à la division américaine, elle ne se compose guère que de 5 croiseurs et on conçoit, dès lors, combien il lui est difficile, sinon impossible, de faire, avec succès, la police de son pavillon sur les 800 lieues de côtes infestées de la traite de noirs ; cela lui est d'autant plus impossible, qu'elle manque d'un point central de relâche dans cette vaste étendue de côtes pour y organiser ses rechanges, ses vivres et ses ravitaillements militaires ; les Anglais en ont un, c'est l'île de l'*Ascension*, située en regard du littoral africain : le nôtre, c'est le *Gabon*, mieux placé encore que l'*Ascension* pour la promptitude des traversées qu'effectuent les croiseurs alors que, leurs vivres étant épuisés, ils quittent momentanément leurs points de croisière pour gagner le centre de ravitaillement. La rade du Gabon est en outre la plus vaste et le plus bel abri que possède la France entre les tropiques.

Les états-majors des bâtiments composant ces divisions communiquent fréquemment entre eux, et le font maintenant avec d'autant plus de cordialité qu'ayant, les uns et les autres, la police de leurs propres couleurs, les susceptibilités nationales de tous sont parfaitement ménagées. Il n'en était pas de même lors du règne des traités de visite! Les divisions sont composées de bâtiments légers à voiles, corvettes ou brigs, et de quelques vapeurs, à l'exception de la division américaine, toutefois, qui manque complétement de dépôt de combustible sur la côte, et ne comporte que des croiseurs à voiles. Généralement les vapeurs anglais et les vapeurs français qui sont envoyés à la côte d'Afrique sont de médiocres marcheurs ; parmi ces médiocrités se remarque le *Centaure*, de 540 chevaux, frégate manquée, que monte le commodore anglais ; le *Centaure*, de même que le *Cyclope*, autre croiseur anglais de 320 chevaux, n'est armé que de canons à pivot, d'un énorme calibre, placés sur le pont supérieur ; ces pièces exhaussées sur des affûts élevés et pesants, devant et derrière le navire, ont un vaste champ de tir, il est vrai, mais présentent tous les inconvénients inhérents à ce genre d'artillerie ; c'est-à-dire qu'elles chargent les extrémités du bâtiment de poids considérables nuisibles à la marche, et susceptibles de le casser à la longue ; que ces pièces montées sur des affûts à pivot, de nécessité fort élevés, s'élèvent naturellement elles-mêmes, ce qui affecte d'autant leur stabilité et les rend difficiles à servir, etc. Malgré tous ces inconvénients, nous n'en devons pas moins reconnaître que la grosse artillerie, canonnant de pointe et de loin, est encore celle qui convient le mieux aux vapeurs à roues, à cause de leur vulnérabilité ; mais il n'en sera point ainsi des vapeurs à hélice dont on pourra facilement armer le travers de bouches à feu nombreuses et formidables ; et c'est alors que le vaisseau de ligne à voiles sera dépassé, comme machine de guerre flottante, par le vaisseau à vapeur aux épaisses murailles de bois toutes hérissées de canons ; vaste cercle de fer et de feu placé au-dessus du bouillonnant cratère qui lui donnera la vie et le mouvement : nous touchons déjà à cette époque.

Quant aux croiseurs à vapeur de la division française, c'étaient des médiocrités à peu près de même genre, aux canons moins bien disposés toutefois que les vapeurs anglais pour combattre de pointe ; ils s'appelaient : l'*Espadon*, l'*Achéron* et le *Caïman*, lequel était encore le moins mauvais des trois.

Les croiseurs à voiles des divisions de la côte d'Afrique

offraient donc seuls des modèles à étudier, et au premier rang se trouvaient le *Flying-Fish* et le *Britomard*, deux brigs anglais fort remarquables par leur marche supérieure. Le *Dupetit-Thouars*, brig-aviso, que je leur opposai, finit cependant par battre le *Britomard* à la longue, et cela, il faut le reconnaître, par suite des peines infinies que se donna le capitaine Protet pour réarrimer son brig, le transformer, *lui trouver la marche*, en un mot.

Le *Rusé*, brig-aviso nouveau modèle, me fut expédié trop tardivement pour que je pusse expérimenter sa marche; j'eus le loisir toutefois d'étudier son tir de chasse et de retraite, en lui faisant lancer quelques boulets avec ses 4 canons obusiers de 30 que j'avais jadis obtenus, non sans peine, comme devant armer définitivement nos brigs-avisos : l'installation de ses pièces était fort bien entendue et lui permit de canonner, sous voiles, et au plus près, droit dans le sens de la quille, soit en chasse, soit en retraite : ce qui équivaut à dire qu'en lançant des boulets de gros calibre, il peut attaquer un navire plus faible, qui s'enfuit au plus près, ou repousser un navire supérieur en forces qui le chasse à son tour, sans se déranger un instant de sa route ; n'était-ce pas là en définitive le problème à résoudre dans l'installation des croiseurs avisos ?

L'*Argus*, l'*Agile*, qui étaient arrivés de Toulon à la côte d'Afrique avec une certaine renommée de marche, se firent battre sous toutes les allures, non-seulement par le *Dupetit-Thouars*, mais par la *Pénélope*, quelque pesante que soit une frégate pour lutter avec des brigs-avisos par des petits temps ; il est vrai que ces deux brigs n'approchaient pas du *Dupetit-Thouars* sous le rapport de l'installation en aviso, et qu'au lieu d'être armés, comme ce dernier, de 4 canons de 30, leur pont présentait une myriade de petites bouches à feu, comme le port de Toulon a l'habitude d'en hérisser les hautes murailles bastinguées de ces vaisseaux de ligne d'une nouvelle espèce.

Quant à la *Pénélope*, elle avait une marche supérieure; battue par le *Dupetit-Thouars* de très-petit temps, elle reprenait le dessus dès que la brise fraîchissait à serrer les cacatois. J'ai déjà dit que le *Dupetit-Thouars* avait battu les meilleurs marcheurs anglais.—Comme toutes les frégates de 46, nouveau modèle, la *Pénélope*, qui en était à sa première campagne, possédait les excellentes lignes d'eau des anciennes frégates de M. Sané, ce célèbre constructeur; aussi, ne s'étonnera-t-on pas d'apprendre qu'elle a filé 10 nœuds et même 10 nœuds $^{1}/_{2}$

au plus près, les perroquets dessus, par brise carabinée, mais très-belle mer : grand largue, elle était moins remarquable, bien qu'elle ait cependant, sous cette allure, atteint 11 nœuds ½ avec deux ris aux huniers et la misaine, son perroquet de fougue et sa grand'voile étant serrés.

Quant à la division américaine, elle ne se composait, la corvette *Portsmouth* exceptée, que de navires assez vieux et assez peu remarquables ; somme toute, après avoir examiné force bâtiments de guerre étrangers en station ou en passage sur les côtes occidentales d'Afrique, je ne trouve pas que l'infériorité des nôtres soit aussi réelle que certaines gens affectent de le croire ; sans doute nos percements de murailles ne sont pas toujours heureusement combinés avec le placement des ancres, des porte-haubans ; mais nos installations de cales, de soutes et une foule d'autres améliorations notables dont nous avons eu l'initiative, telles que nos linguets de chaîne, nos cabestans-barbotins, nos ris à filière, nos percuteurs, etc., toutes ces choses font grand honneur, il faut le dire, et aux officiers inventeurs et à la marine qui les a encouragés ; souvent, d'ailleurs, si nos navires de guerre laissent à désirer, c'est que leurs capitaines ne les étudient pas assez, ne les *épousent* pas assez, n'en tirent pas, en un mot, tout le parti possible, et cela avec des modifications, des perfectionnements qu'il leur est facile d'essayer cependant : soit des retailles de voilure, des *peignages* de gréement, des changements dans le lest, etc., des riens, pour ainsi dire, qui ne violent pas les règlements et qui donnent cependant de précieux résultats. Et, puisqu'il est ici question d'installation et de matériel, c'est peut-être le moment de signaler, en passant, l'infériorité du cuivre à doublage de nos bâtiments de guerre, surtout la promptitude avec laquelle il attire à lui les végétaux et même les coquillages sous-marins. Qui de nous n'a admiré, au contraire, ce beau cuivre à doublage dont la rouge cuirasse brille presque constamment sur les flancs des navires de commerce étrangers, français même, qu'on rencontre sous voiles en pleine mer ? La mauvaise qualité du nôtre est telle que, pour ne pas perdre ses qualités de marche assez rapidement, un navire de guerre est obligé de le nettoyer, de le *goreter* très-fréquemment, sauf à enlever, parfois, les têtes de clous à doublage. Mais, dira-t-on, ce cuivre avant d'être reçu, a dû être soumis à l'examen d'une commission qui a constaté, par des épreuves chimiques, que sa composition était conforme au cahier des charges : cela ne prouve alors qu'une chose, c'est que les analyses chimiques sont impuissantes à nous garantir le cuivre le plus propre à la navigation, ainsi que me le disait, du reste, tout récemment, l'ingénieur distingué qui dirige les constructions du port de Lorient ; il faut donc avoir dès lors recours à d'autres épreuves pour s'en procurer de convenable.

Pendant les deux ans qui viennent de s'écouler, pas un navire des trois escadres en croisière sur les côtes occidentales d'Afrique n'a éprouvé de sinistre, bien que naviguant, mouillant et appareillant presque tous, et presque continuellement en vue de ces côtes. On se rappelle sans doute que naguère c'était presque devenu de mode en France de s'exclamer bien fort au sujet des naufrages de notre marine. Comme c'était un texte d'opposition, on ne s'en faisait faute, sans regarder ce qui se passait chez le voisin, en fait de sinistres de même genre ; et, cependant, les renseignements que m'ont donnés depuis des officiers anglais eux-mêmes m'ont permis d'établir des états comparatifs de naufrages, dont les données moyennes sont toutes à l'avantage de notre marine. Qu'on en juge :

A partir de 1830 il s'est perdu, en moyenne, un bâtiment de guerre anglais sur 103, et un bâtiment de guerre français sur 111. Rien n'échappe plus d'ailleurs aux calculs d'appréciation que les chances des deux marines dans leurs alternatives de pertes ; ainsi, de 1830 à 1836, si les pertes furent à peu près égales, toute proportion gardée, bien entendu, de 1836 à 1840, elles furent doubles du côté de l'Angleterre ; de 1840 à 1846, il y eut des intermittences dans le chiffre proportionnel ; en 1846 et 1847, ce fut de notre côté que les pertes furent plus répétées ; bref, la proportion générale amena le résultat que j'ai cité plus haut.

Mais, en vérité, faut-il donc tant effrayer les navigateurs du blâme de l'opinion publique, en stygmatisant ainsi les naufrages ? Et ne doit-on pas craindre de les pousser dans une voie plus déplorable encore, la voie de la timidité ? Il n'était certes pas de cet avis, l'amiral Nelson, quand il écrivait à l'amirauté britannique : « Ceux qui craignent d'approcher de la côte feront
« difficilement de grandes choses, surtout avec un petit navire :
« on peut se consoler de la perte d'un bâtiment, mais la perte
« d'un brave officier serait, suivant moi, une perte nationale ;
« et, permettez-moi de vous le dire, Mylords, si j'avais été
« censuré, moi aussi, chaque fois que j'ai mis en péril mon
« vaisseau ou ma flotte, il y a longtemps que je serais hors

« de la marine au lieu d'être dans la chambre des pairs. »

C'est avec de semblables paroles qu'on obtient des marins entreprenants et qu'on leur forme le coup d'œil ; je viens donc, de ma faible voix, flétrir les outrages qui poursuivent des officiers souvent plus osés ou plus malheureux que coupables. Quels capitaines, en effet, pourraient nier l'influence des chances qui trompent les prévisions les mieux calculées ? Pour mon compte, j'avoue franchement n'avoir dû trois ou quatre fois qu'à ma bonne étoile le salut des cinq brigs, corvettes ou frégates, soit à voiles, soit à vapeur, que j'ai commandés successivement depuis treize ans.

Il est une autre espèce d'observations que nos relations avec des marines étrangères m'ont permis de faire, et qui sont spécialement relatives à leur personnel naval. Je crois donc devoir mentionner celles qui sont le moins connues en France.

Personne n'ignore le chiffre énorme d'officiers de vaisseau que présentent les cadres de la marine anglaise ; je rappellerai seulement que ces cadres renferment autant d'officiers généraux que nous comptons d'officiers supérieurs, et autant de capitaines de vaisseau que nous avons de lieutenants de vaisseau ; le reste, à l'avenant. Quant aux officiers civils qui absorbent chez nous une si grosse part du budget, ils ne sont chez les Anglais qu'en très-petit nombre ; et qu'on ne croie pas d'ailleurs qu'à ce sujet je vienne prendre à partie le personnel administratif de notre marine, comme on le fait souvent. Mon Dieu ! ces messieurs ne font que profiter de l'ordre de choses voulu par le parlement et la législation de France, en s'agrandissant ainsi ; c'est le pays lui-même qui, par l'organe de ses représentants, a cru faire merveille en prenant la défiance pour base de toutes nos institutions nautiques, pour tout ce qui touche la comptabilité et le budget. En Angleterre, on pratique le plus souvent un système contraire ; on accorde une confiance presque absolue aux officiers de toutes armes de la marine, sauf à punir, d'une pénalité des plus sévères, l'officier coupable d'un manquement à cet égard ; ainsi veut-on savoir, par exemple, quel moyen ces myriades d'officiers anglais qui sont libres de séjourner où ils veulent sur tous les points du Royaume-Uni ou de ses colonies, emploient pour se faire payer régulièrement leur solde, et cela, sans aucun embarras administratif ? Le voici : les tableaux de solde sont publiés dans l'annuaire de la flotte pour chaque grade, chaque position ; les officiers peuvent donc facilement calculer les appointements

qui leur sont dus, après quoi ils se les font payer régulièrement et immédiatement, habitassent-ils les bourgades les plus
reculées de l'intérieur du Royaume-Uni. La pièce suivante est
la seule formalité administrative que l'on exige d'eux, avec les
conditions, toutefois, de faire légaliser leur signature par le
magistrat et le ministre de la localité voisine : « Je, soussigné,
« atteste solennellement et sincèrement que j'ai droit à la solde
« de...... comme...... et que je n'ai occupé de tel jour à
« tel...... aucun emploi civil ou militaire rétribué par le
« trésor, ni par aucun autre gouvernement, excepté········ »

Voilà, ce me semble, une manière de procéder aussi honora-
ble pour le gouvernement qui l'a établie que pour les officiers
qui la pratiquent habituellement.

Et puisque la question *solde* s'est présentée sous ma plume,
veut-on connaître et apprécier d'un seul coup d'œil les soldes
comparées, par grade et par position, des officiers des trois
marines, française, anglaise et américaine? en voici le tableau :

TABLEAU

TABLEAU *comparatif de la solde des officiers de vaisseau dans les trois marines anglaise, américaine et française.*

GRADES.	SOLDE A LA MER EN Y COMPRENANT le traitement de table.			SOLDE A TERRE et AU SERVICE DES PORTS			SOLDE de CONGÉ.		
	ANGLAIS.	AMÉRICAINS.	FRANÇAIS.	ANGLAIS.	AMÉRICAINS.	FRANÇAIS.	ANGLAIS.	AMÉRICAINS.	FRANÇAIS.
	fr.	fr.	fr.	fr.	fr.	fr.	fr.	fr.	fr.
Amiral de la flotte	81,000	»	»	»	»	»	28,800	»	»
Amiral	73,000	»	52,000	»	»	30,000	19,200	»	»
Vice-amiral	64,000	»	36,000 / 32,000	»	»	16,800	14,800	»	8,000
Contre-amiral	55,000	»	28,000 / 25,000	»	»	11,200	11,800	»	6,000
Commodore de 1re classe	55,000	20,000	»	»	»	»	»	»	»
Id. de 2e classe	26,000 / 22,000		17,000	»	»	»	»	»	»
Capitaine de vaisseau commandant un vaisseau	17,500		14,000 / 13,400	»	»	5,960 / 5,460	6,600	»	3,960
Capitaine de vaisseau commandant un vaisseau garde-côte	15,000	17,500	»	»	17,500	»	5,700	12,500	3,710
Capitaine de vaisseau commandant un vaisseau amiral	12,500		8,000 / 7,200	»	»	»	4,800	»	»
Capitaine de vaisseau commandant un autre navire	10,000		»	»	»	»	»	»	»
Capitaine de frégate, commandant	7,750	12,500	9,600	»	»	»	4,570	»	»
Id. ne comm. pas		»	4,200	»	10,500	4,200	3,800	9,000	2,470
Lieutenant de vaisseau, commandant	5,000	9,000	6,600	»	»	»	3,270	»	»
Lieutenant de vaisseau, le plus ancien d'un bâtiment de guerre	5,000	»	»	»	»	»	2,730	»	»
Lieutenant de vaisseau	4,500	7,500	3,000[1] / 2,400[1]	»	7,500	2,800 / 2,360	2,220	6,000	2,000 / 1,700
Enseigne de vaisseau	»	»	1,800[1]	»	»	1,740	»	»	1,240
Aspirant de 1re classe	1,500	3,750	1,000[2]	»	3,750	»	»	3,000	»
Aspirant de 2e classe	750	2,000	600[2]	»	1,750	»	»	1,500	»

[1] Ajouter pour le traitement de table de 820 à 1,200 francs selon les parages où se trouve le navire.
[2] Idem. de 365 à 540 francs Idem.

La lecture du tableau ci-dessus en dit plus que toutes les phrases du monde sur l'infériorité de la position pécuniaire où sont placés les officiers de notre flotte, comparativement à celle des officiers de l'Angleterre, et surtout de la république des États-Unis. Non pas qu'ils se plaignent de cette infériorité ; ils savent au contraire dévorer en silence, et avec dignité, leurs chagrins de pauvreté, au milieu des nombreuses familles qui surchargent le plus grand nombre d'entre eux ; mais encore est-il bon qu'on le sache le plus possible dans le cœur de la France, à Paris surtout, où l'on n'est que trop étranger aux mœurs et aux privations de nos populations maritimes.

Puisque d'ailleurs j'appelle ici l'attention sur la position pécuniaire comparative des officiers de notre flotte, n'est-ce pas le moment d'examiner les médiocres chances d'avancement qui attendent la majeure partie d'entre eux, et celles bien plus médiocres encore qui leur seraient réservées, si malheureusement l'Assemblée nationale accédait aux demandes de diminution de cadres faites par des hommes complétement étrangers aux pénibles et périlleux labeurs de la navigation ! Avant de procéder à cet examen, rappelons ici, en passant, que les retraites ne se donnent plus dans l'armée de mer, comme dans l'armée de terre, qu'aux officiers ayant atteint la limite d'âge voulue par les règlements : or, les âges de tous les officiers ayant été rendus publics, il devient facile de calculer les moyennes des vacances qui auront lieu chaque année dans chaque grade.

Ainsi, de 1850 à 1860, ce calcul nous apprend qu'il sera retraité en moyenne 21,5 officiers de tous grades par an, moyenne qui diffère peu d'ailleurs de celle des années précédentes ; puisque le même calcul nous apprend que, de 1845 à 1849, il en avait été retraité, en moyenne, 20 chaque année.

Cela posé, prenons dans l'annuaire du 15 avril 1845, le dernier lieutenant de vaisseau et suivons-le pendant ces mêmes quatre années, c'est-à-dire jusqu'au 15 avril 1849 ; nous verrons alors qu'il a gagné 224 rangs, savoir : 79 par suite des retraites, 40 par suite de l'augmentation des cadres ; il reste donc 105 vacances provenant des mortalités ou démissions, lequel chiffre de 105, divisé par 4, donne une moyenne annuelle de 26 vacances provenant de ces dernières causes, moyenne que, par analogie, on peut accepter pour les années suivantes : mais nous avons déjà vu que les retraites donneraient par an une moyenne de 21,5 vacances de 1850 à 1860 ; donc, pour voir combien de rangs gagnera en dix ans ledit lieutenant de vaisseau, et cela sans augmentation de cadre, multiplions par 10, et la moyenne de 21,5 provenant des retraites, et la moyenne de 26 provenant des mortalités ou démissions ; nous aurons 215 + 260, c'est-à-dire 475 rangs, ce qui ne le fait pas encore arriver à la tête de la liste, il s'en faut ; il n'y arrivera que cinq années plus tard, c'est-à-dire en quinze ans, au bout desquels quinze ans il aura gagné 237 rangs de plus et sera devenu le 712ᵉ. Or, comme il y a 650 lieutenants de vaisseau, il passera alors capitaine de frégate à l'ancienneté, si encore les officiers, ses cadets, faits au choix pendant ce laps de temps, ne lui ont fait perdre qu'une soixantaine de rangs.

Mais, dira-t-on, la certitude d'être officier supérieur après quinze ans de grade de lieutenant de vaisseau est déjà chose fort rassurante, puisque dans telles et telles armes spéciales, le génie par exemple, les officiers restent un pareil nombre d'années dans le grade de capitaine ? Mais oublie-t-on que les capitaines du génie obtiennent presque au début de leur carrière cette double épaulette que l'officier de marine, au contraire, attend pendant une dizaine d'années dans le grade d'enseigne ; qu'on en juge !

Le dernier enseigne de 1845 avait gagné en 1849, c'est-à-dire en quatre ans, 323 rangs, savoir : 79 rangs par suite de retraites ; 90 par suite d'augmentation de cadre ; il reste 154 rangs provenant des mortalités et démissions, lequel chiffre de 154 donne une moyenne annuelle de 39 vacances dues à ces dernières causes ; or, calculant comme tout à l'heure, par analogie, pour connaître le chiffre des mortalités et démissions qui auront lieu de 1850 à 1860, ce chiffre sera de 39 × 10, soit 390 rangs ; auquel ajoutant les 21,5 vacances annuelles dues aux retraites que nous multiplierons aussi par 10, nous arriverons au chiffre total de 390 + 215, soit 605 rangs ; c'est-à-dire que le dernier enseigne de 1850 n'atteindra le grade de lieutenant de vaisseau à l'ancienneté qu'en 1860, et encore si les cadets qui lui passeront sur le corps, au choix, pendant ce laps de temps, ne le reculent que d'une cinquantaine de rangs.

On le voit donc, la moyenne des officiers de vaisseau ne doit s'attendre à arriver au grade d'officier supérieur qu'après quinze ans dans le grade de lieutenant de vaisseau, et dix ans dans celui d'enseigne ; auxquels vingt-cinq ans ajoutant cinq ans au moins passés dans celui d'aspirant, c'est donc *trente années* de service actif, c'est-à-dire plus que le temps voulu pour la retraite que comptera cette moyenne d'officiers, quand elle quittera les grades subalternes. De bonne foi, est-ce bien brillant pour récompenser les *services* les *plus pénibles* qui soient rendus à notre pays? Et, chose singulière, non-seulement l'état-major du corps des officiers de vaisseau est plus maltraité que celui des autres armes spéciales dans les chances d'avancement, mais il l'est plus que les officiers des armes auxiliaires de la marine, c'est-à-dire que les satellites de la planète sont plus favorisés que la planète elle-même.

Et si cette perspective est déjà peu rassurante, que deviendrait-elle dans le cas d'une diminution de cadres? On peut le prédire d'avance, cette diminution engendrerait un découragement profond parmi les jeunes officiers, l'avenir de notre flotte; à moins, toutefois, qu'on ne se décidât à sabrer le personnel de l'arme pour en éliminer les non-valeurs qui pourraient s'y trouver, opération fort épineuse et fort difficile!

Je terminerai ce chapitre par quelques renseignements que j'ai obtenus sur l'école navale d'Angleterre, question pleine d'actualité au moment où l'on paraît songer à reformer l'institution de notre vaisseau-école le *Borda*.

L'école navale anglaise est placée à terre, à Greenwich; elle reçoit maintenant deux espèces de candidats :

1° Cent fils des officiers commissionnés de la marine royale ou troupes de la marine ;

2° Trois cents fils d'officiers de tout rang, de matelots ou soldats de marine, qui ont servi ou qui servent dans la marine militaire, et d'officiers ou matelots du commerce.

Ces quatre cents élèves, ou cadets, sont tous soumis aux mêmes règles pour l'éducation, la nourriture, l'habillement, la discipline ou la destination. Chaque candidat doit avoir de dix à onze ans et n'être affligé d'aucune infirmité de corps ou d'esprit.

Il doit, en entrant, lire couramment, bien écrire et connaître les trois premières règles de l'arithmétique.

L'instruction dans cette école consiste en mathématiques et navigation, avec ce qu'il est convenable d'instruction religieuse.

La construction des plans, d'après les principes de la géométrie, est la seule branche de dessin qu'on y enseigne (dessin linéaire); une caution de 1,250 francs doit être fournie par le père ou deux citoyens notables pour garantir que l'enfant ne quittera pas l'école, et pour payer les dégâts qu'il ferait aux habits, livres et instruments.

Comme on le voit, l'éducation maritime des élèves commence

de bonne heure en Angleterre, de dix à onze ans; de treize à quinze, on les lance en pleine mer sur des bâtiments qu'ils apprennent de bonne heure à considérer comme leur résidence habituelle; aussi, les vaisseaux et les frégates britanniques ont-ils tous maintenant leur école de *cadets*, desquels on étudie, on expérimente, en cours de campagne, les inclinations plus ou moins nautiques pour y choisir les *midshipmen* les plus propres à devenir un jour de bons officiers de vaisseau. Il n'y a d'ailleurs aucun rapport entre le programme de l'instruction mathématique de ces jeunes *cadets* et celui de nos élèves du *Borda*, qui, sont, ou du moins doivent être, de grands savants, en comparaison.

Il y a aussi une école secondaire à Greenwich, mais plus particulièrement destinée à recevoir les enfants des sous-officiers et matelots; elle présente une certaine analogie avec nos écoles de mousses.

CHAPITRE IV.

Retour en France. — Enquête relative aux vivres, à l'habillement des marins et à l'institution des classes. — Interrogatoire de 220 hommes de mer à ce sujet. — Leurs réponses. — Inspection du préfet maritime à Lorient. — Constatation de l'excellent état sanitaire de l'équipage. — Pertes minimes de la station d'Afrique pendant la durée de la campagne. — Désarmement. — Révision prochaine du règlement de comptabilité de 1846. — Réflexions finales.

Le 19 mai 1850, après avoir laissé à mon successeur les renseignements les plus détaillés sur les navires qu'il allait avoir à diriger, je faisais route pour France avec la *Pénélope*, et vingt et un jours après je mouillais sur rade de Lorient; depuis vingt mois que cette frégate avait quitté ce port, elle avait parcouru 6,790 lieues marines, et cependant la majeure partie de son matériel était encore en fort bon état.

Malgré la rapidité de cette traversée de retour, je pus terminer à bord une enquête très-intéressante que j'avais commencée en cours de campagne, et qui avait pour but d'établir les matelots eux-mêmes juges des questions relatives à leur nourriture, à leur habillement et aux institutions qui régissent le système de l'inscription et des quartiers maritimes, auxquels ils appartenaient pour la plupart. Ce conseil d'enquête, que je présidais en personne, était composé des officiers du bord ; l'équipage fut donc invité par moi à répondre, sans aucune crainte, ou sans arrière-pensée, aux questions que je posais individuellement dans l'ordre que voici :

1re QUESTION.—Etes-vous satisfait de la nourriture du bord ?

2^d QUESTION.—L'êtes-vous des effets dont l'État vous fait l'avance pour composer votre sac ?

3e QUESTION.—Appartenez-vous à l'inscription maritime ou à la conscription ?

4e QUESTION. (*Faite ainsi que les suivantes, jusqu'à la neuvième exclusivement, s'il appartient à l'inscription ma-*

ritime.)—Préférez-vous la navigation au commerce ou à la pêche à la navigation sur les bâtiments de guerre ?

5ᵉ QUESTION.—Pourquoi ?

6ᵉ QUESTION.—Dans le quartier où vous êtes inscrit, avez-vous ou a-t-on eu à se plaindre des commissaires ou syndics, soit sous le rapport de l'ordre des levées, soit sous le rapport des rentrées de fonds au sein des familles, soit sous le rapport du régime des pêches de votre localité ?

7ᵉ QUESTION.—Trouvez-vous le régime des classes trop sévère ?

8ᵉ QUESTION.—Ne trouvez-vous pas ce qu'il a de rigoureux compensé par la certitude où vous êtes d'avoir un jour une pension de retraite pour vous, et des secours pour votre famille après vous ?

9ᵉ QUESTION. *(S'il provient de la conscription ou du recrutement.)*—Après que vous aurez terminé votre temps de service, comptez-vous continuer la navigation, soit au commerce, soit à bord des bâtiments de guerre ?

10ᵉ QUESTION.—Ce temps une fois écoulé, regretterez-vous de l'avoir fait comme matelot plutôt que comme soldat, de l'avoir accompli sur des bâtiments de guerre plutôt que dans un régiment ?

Le procès-verbal où sont transcrites les dépositions de chaque marin du bord ne renferme pas moins de 90 pages ; il excède donc les bornes de ce compte rendu ; toutefois, je vais analyser rapidement les réponses qui me furent faites par les 220 sous-officiers et matelots interrogés dans la salle du conseil, pendant les dix séances que la commission d'enquête tint à cet effet. On s'expliquera ce chiffre de 220 marins, si je dis que ni les officiers, ni les aspirants, ni les domestiques, ni les surnuméraires, ni les mousses n'étaient compris dans le personnel à interroger.

1ʳᵉ QUESTION. — *Êtes-vous satisfait de la nourriture du bord ?*

Le bureau des subsistances du ministère de la marine sera, je crois, fort satisfait de trouver ici le témoignage d'unanimité complète qui a suivi cette question ; il sera d'autant plus satisfait que ce témoignage est reproduit par un chef de division navale qui fut souvent sévère dans sa correspondance au sujet des approvisionnements de sa division. Donc, des 220 sous-officiers et marins interrogés, pas un seul ne s'éleva contre la nourriture du bord. Toutefois, les maîtres chargés crurent, à cette occasion, devoir faire remarquer que les 20 francs de supplément mensuel qu'on leur donnait ne leur permettaient point de subvenir aux frais de gamelle ; que, s'ils étaient suffisants en Europe, ils ne l'étaient plus dans les pays lointains, et qu'ils se voyaient alors obligés d'y ajouter chacun 10 francs de leur solde mensuelle, déjà si ébréchée par les délégations à leur famille.

2ᵉ QUESTION. — *Êtes-vous satisfait des effets dont l'État vous fait l'avance pour composer votre sac ?*

192 sous-officiers et marins répondirent affirmativement à cette question ; les 28 autres, tout en reconnaissant que ces effets étaient généralement bons et peu coûteux, accompagnèrent leur déclaration de quelques observations que je crois devoir reproduire ici. 6 d'entre eux se plaignirent des souliers qu'ils qualifièrent, dans leur langage pittoresque, d'*éponge de cuir* ; 5 reprochèrent aux chemises de molleton d'être trop claires ; 3 les trouvèrent trop courtes ; enfin les 14 autres se plaignirent que les effets étaient mal cousus, mal confectionnés et manifestèrent le regret qu'on eût supprimé les coutures de derrière des manches, laquelle suppression ne permettait pas au vêtement de suivre les inflexions du bras et ses divers mouvements. Pour mon compte, je trouve ces reproches fondés, à l'exception, toutefois, de celui qui est relatif au peu de longueur de la chemise de molleton. Que la commission d'habillement du ministère de la marine en fasse donc son profit !

3ᵉ QUESTION. — *Appartenez-vous à l'inscription maritime ou à la conscription ?*

D'après les réponses qui me furent faites, il résulte que, sur les 220 hommes interrogés, 166 appartenaient à divers quartiers de notre circonscription maritime, conséquemment étaient ce que nous appelons des marins de *naissance* et de *métier*. Les 54 autres provenaient de la conscription, c'est-à-dire du tirage au sort, auquel sont assujettis tous les Français indistinctement ; dans ce nombre, 16 matelots, après avoir déjà servi sept ans sous les drapeaux, s'étaient réengagés pour continuer à naviguer sur les bâtiments de guerre.

En faisant ce dénombrement, je vis, avec plaisir, que mon interrogatoire atteindrait des marins nés sur divers points de la France et de son littoral, bien que les Bretons fussent en majeure partie dans l'équipage : ainsi, sur les 220 sous-officiers et marins interrogés, 152 se déclaraient enfants de la Bretagne, 32 enfants de la Normandie, 23 étaient nés dans l'intérieur, et 13 sur les côtes méridionales de France.

4e QUESTION. — *Préférez-vous la navigation au commerce ou à la pêche à la navigation sur les bâtiments de guerre ?*

5e QUESTION. — *Pourquoi ?*

Ces questions s'adressaient naturellement aux 166 marins de naissance et de métier. Sur ces 166 hommes, 81 étaient inscrits dans les ports militaires : aussi de ces 81 hommes, 71 déclarèrent nettement qu'ils préféraient la navigation sur les bâtiments de guerre et qu'ils la continueraient toute leur vie ; les 10 autres répondirent qu'une fois congédiés, ils navigueraient sur des bâtiments de commerce ou des bateaux de pêche. Les 85 inscrits restants étaient classés, au contraire, dans les quartiers de nos ports de commerce ; aussi, de ces 85 hommes, 72 déclarèrent vouloir retourner à la navigation marchande après leur congé, et 13 autres, qu'ils resteraient pour servir sur les bâtiments de guerre. Ceux qui préféraient la navigation du commerce donnèrent pour raison qu'ils avaient, sur les bâtiments marchands, beaucoup plus de liberté ; qu'ils gagnaient plus d'argent et qu'en outre ils venaient, avec ces navires, aboutir fréquemment au milieu de leurs familles, et dans la localité maritime qui les avait vus naître. Ceux qui préféraient la navigation sur bâtiment de guerre, étant nés, en presque totalité, dans les ports militaires, alléguaient d'abord une raison de même genre en faveur de la navigation à l'État ; ils motivaient, en outre, leur préférence sur les habitudes de vie militaire qu'ils avaient contractées depuis l'enfance, sur le bien-être dont ils jouissaient actuellement à bord, et sur la pension plus forte qu'ils attendaient dans leurs vieux jours, quand ils auraient servi l'État pendant 25 années consécutives.

J'ai déjà dit que, des 85 marins classés dans les ports marchands, 13 avaient déclaré vouloir continuer la navigation sur bâtiments de guerre, au lieu de retourner au commerce. Leur ayant manifesté mon étonnement de cette préférence, ils l'expliquèrent par le bénéfice desdites pensions de retraite, par l'avancement qu'ils espéraient avoir un jour, et le bien-être dont ils jouissaient dans la navigation de l'Etat, bien que la liberté y fût moins grande que sur les navires marchands.

6ᵉ QUESTION. — *Dans le quartier où vous êtes inscrit, avez-vous ou a-t-on eu à se plaindre des commissaires ou syndics, soit sous le rapport de l'ordre des levées, soit sous le rapport des rentrées de fonds au sein des familles, soit sous le rapport du régime des pêches de votre localité ?*

A l'exception de six maîtres ou marins, tous les hommes inscrits ont répondu qu'ils n'avaient aucune plainte de ce genre à formuler ; leur déclaration a été généralement faite dans les termes suivants : « Dès que nous atteignons vingt ans, on nous « lève une première fois pour le service, et nous-mêmes, d'ail- « leurs, à peine arrivés à cet âge, nous devançons parfois cette « levée, invités à le faire par nos propres parents qui comptent « sur la discipline du bâtiment de guerre pour nous *débar-* « *bouiller* et nous former le caractère. Au bout de deux ou trois « ans de service, nous sommes congédiés et allons naviguer où « nous voulons ; trois ou quatre années après, on nous lève « une seconde fois pour le service, et après avoir ainsi com- « plété en moyenne de quatre à cinq ans sur bâtiment de « guerre, nous sommes libres de naviguer au commerce ou à « la pêche tout le reste de notre vie ; d'ailleurs, les *anciens,* « quand nous quittons de chez nous, nous disent le service « bien plus méchant qu'il n'est : il est vrai que ce n'est plus « la même chose que de leur temps. »

Quant aux réponses des dix marins qui avaient des plaintes à formuler, on pense bien que je ne les reproduis ici que sous bénéfice d'inventaire, et seulement à titre de renseignement.

Ainsi, un maître a déclaré qu'il connaissait trois hommes de son quartier, lesquels n'avaient jamais été levés pour le service comme les autres et qu'on en ignorait le motif ;

Un quartier-maître et un matelot ont fait la même déclaration ; un matelot a répondu qu'autrefois il en était de même dans son quartier, mais que cela avait cessé depuis qu'on avait changé de syndic ;

Un maître a déclaré que dans son quartier on embarquait des *journaliers* sur des bateaux de pêche, que ces journaliers même après trois et quatre pêches n'étaient pas inscrits et échappaient ainsi à la levée ;

Un autre maître a déclaré qu'il connaissait des marins propriétaires de bateaux de pêche qui n'avaient *jamais* été levés pour le service.

Je reproduis ici ces plaintes comme je les ai reçues, mais sans en garantir l'exactitude ; il n'est pas mauvais, d'ailleurs, qu'on sache dans les quartiers maritimes que, même à bord, on sait un peu ce qui s'y passe, bien que les 160 déclarations faites en même temps que celles de ces six marins soient de nature à prouver aux plus défiants qu'il ne s'y passe que des choses généralement régulières, d'après le dire quasi unanime des gens de mer eux-mêmes.

7e QUESTION. — *Trouvez-vous le régime des classes trop sévère ?*

8e QUESTION. — *Ne trouvez-vous pas ce qu'il a de rigoureux compensé par la certitude où vous êtes d'avoir un jour une pension de retraite pour vous, et des secours pour votre famille après vous ?*

Cinq matelots se sont plaints de la sévérité du régime des classes, quatre ont répondu que les exigences étaient compensées par les avantages ; tout le reste des inscrits, c'est-à-dire 157 sous-officiers ou marins sur 160, ont répondu que non-seulement ils ne le trouvaient pas trop sévère, mais que la certitude de ne pas mendier leur pain, une fois vieux, les dispensait de tout souci et leur faisait préférer le système existant à tout autre ; que le régime des classes et la grande tontine qui lui servait de base suppléaient à l'imprévoyance naturelle du matelot qui n'aurait pas su s'amasser une petite retraite, si l'Etat n'en avait pris le soin pour lui. Bref, que la suppression de ce régime et de la caisse des invalides mécontenterait, au dernier degré, la population maritime et la désaffectionnerait de l'Etat. Avis donc aux novateurs qui s'aviseraient de porter la main sur l'admirable édifice de Colbert !

Les maîtres se sont plaints du triste sort qui les attendait, lorsque le désarmement des bâtiments de l'Etat les jetait sur le pavé sans avoir atteint l'âge de la retraite, et cependant trop vieux pour naviguer au commerce, trop fatigués pour labourer la terre. La justesse de cette plainte n'est méconnue par aucun officier de marine, et nul doute que la commission d'enquête parlementaire ne s'en préoccupe sérieusement.

9e QUESTION. (Faite ainsi que la 10e à ceux des matelots provenant de la conscription.) — *Après que vous aurez terminé votre temps de service, comptez-vous continuer la navigation, soit au commerce, soit à bord des bâtiments de guerre?*

10e QUESTION. — *Ce temps une fois écoulé, regretterez-vous de l'avoir fait comme matelot plutôt que comme soldat, de l'avoir accompli sur des bâtiments de guerre plutôt que dans un régiment?*

Les hommes provenant de la conscription étaient, comme je l'ai dit, au nombre de 54 : sur ces 54 hommes, 8 ont déclaré qu'ils cesseraient de naviguer, et 19 que leur parti n'était pas encore pris, bien qu'ils inclinassent fort vers la continuation de l'état de marin ; les 27 autres ont déclaré vouloir passer le reste de leurs jours sur les bâtiments de l'Etat, sauf un seul, cependant, qui a manifesté le désir de se faire pêcheur, son temps de service une fois achevé.

Quant à la dixième question, il a été répondu affirmativement par l'*unanimité* de ces marins, en quelque sorte improvisés, et jetés par le sort, du sein de leurs travaux de labourage, au milieu des périlleux labeurs de la navigation; pas *un* d'eux n'a témoigné le regret d'avoir été appelé à servir dans l'armée de mer, plutôt que dans l'armée de terre ; au contraire, ils se sont déclarés heureux d'avoir eu cette destination, même les huit hommes qui ont avoué l'intention de reprendre le soc de la charrue, une fois leur temps de service expiré. Cette unanimité de sentiment dénote, ce me semble, une propension plus réelle qu'on ne le dit chez nos conscrits de l'intérieur, sinon pour les travaux fins du matelotage, du moins pour la vie de bord, telle que les règlements et usages actuels l'ont constituée dans notre marine militaire : peut-être qu'un jour à venir, la France aura recours à ce personnel pour armer complétement sa flotte, et dès lors on est heureux de constater qu'il répondra à l'appel du pays, non-seulement sans regret, mais avec une certaine prédilection pour le service de mer.

Ainsi se passa une partie de la traversée de retour et ce fut, je crois, un temps bien employé.

Peu de jours après l'arrivée de la *Pénélope* sur rade de Lorient, le préfet maritime, assisté de tous les chefs de service de ce port, se rendit à bord pour inspecter en détail le personnel et le matériel de la frégate.

Pour mon compte, cette inspection me fit d'autant plus de plaisir qu'elle devait avoir pour résultat la constatation de l'excellent état sanitaire de l'équipage, lequel état on s'était plu, pendant notre absence, à colorer, fort à la légère, des teintes les plus noires et les plus lugubres, sans se demander si l'on apportait ou non le trouble et l'inquiétude dans le sein de nos familles, en pérorant ainsi publiquement. Or, ce fut une opinion toute contraire qui fut consignée sur le procès-verbal des autorités maritimes et médicales du port de Lorient, à la vue de ces marins bronzés par le soleil d'Afrique à la vérité, mais tellement vigoureux, tellement alertes qu'on les eût dits arrivés fraîchement de la mer Méditerranée où les traversées sont si courtes et les relâches si confortables. Il fut facile d'ailleurs de constater les mêmes résultats à bord du *Dupetit-Thouars*, de la *Prudente* et de la *Recherche* dont la rentrée s'était opérée au port de Brest au lieu de s'effectuer à Lorient. Bref, indépendamment de ces témoignages *de visu*, il fut remis aux autorités médicales des états officiels prouvant que cette redoutable station d'Afrique, dont on avait fait un épouvantail pour nos familles, n'avait compté, en définitive, que 0,6 p. 0/0 de mortalité sur le chiffre total des équipages qui la composaient !

Ajouterai-je qu'après les exercices de toute sorte que je multipliai pendant six heures sous les yeux du préfet maritime, l'équipage de la *Pénélope* excita un tel étonnement dans son esprit que le Ministre voulut bien, sur son rapport, accorder de nouvelles décorations à ceux des marins blessés, pour la plupart, qui attendaient encore une récompense ; et si je rappelle ici ce fait, c'est afin qu'on sache et qu'on se dise que les stations lointaines sont de meilleures écoles qu'on n'affecte de le croire pour former les équipages à la navigation et au combat, ce double but final de tout armement maritime ; mon digne collègue, le capitaine de vaisseau Charles Penaud, l'a déjà prouvé d'ailleurs surabondamment par les brillants exercices qu'effectuait la frégate la *Charte* dans les mers du Sud.

Au moment où j'arrive à rentrer la frégate dans le port et à la désarmer, d'après les formes de la comptabilité que détermine le règlement du 15 janvier 1846, il ne me resterait plus qu'à exprimer franchement ma manière de voir au sujet de ce règlement ; mais ce serait donner un avertissement inutile, puisque je me suis assuré depuis que, dans un temps assez prochain, ce règlement allait être revisé en vue de simplifier les formes autant que possible, et d'uniformiser les détails comptables pour tous les ports. Cette tâche n'est pas facile ; et, si elle fait honneur à ceux qui l'entreprendront, elle est pour moi une nouvelle occasion de rappeler ici ce que j'ai déjà dit plus haut : c'est que la comptabilité paperassière de notre flotte découle des obligations imposées par nos représentants eux-mêmes au Département de la marine.

Ici se termine ce compte rendu, déjà long sans doute, bien que j'aie cherché cependant à y grouper, le plus succinctement possible, et les faits et les actualités qui ont trait au personnel comme au matériel de la flotte ; il y a vingt-cinq ans que je parcours à peu près toutes les mers du globe, et que de progrès n'ai-je pas vu réaliser dans ce personnel et ce matériel pendant ce laps de temps ! On disait le génie français rebelle à l'organisation d'une marine, parce qu'une marine exige un rare esprit de suite et de prévoyance, deux qualités qu'on nous refuse souvent ; mais, en réponse à ceux qui doutaient d'elle, la marine française a fait comme ce philosophe ancien devant qui on niait le mouvement, elle a marché !

Dans le calme du repos que je sollicite pour toute faveur, et après avoir accompli la double tâche pour laquelle le Ministre de la marine avait fait appel à mon zèle, il me restait encore un devoir à remplir : c'était de faire connaître à ceux qui s'intéressent à la flotte que le pays peut avoir confiance dans ses stations lointaines comme dans son admirable escadre de la Méditerranée ; au siècle de publicité, où nous vivons d'ailleurs, nos navires de guerre, qu'ils soient près, qu'ils soient loin, doivent être de verre, comme la maison du sage ; c'est le véritable moyen de les faire apprécier et juger comme ils le méritent à la tribune de l'Assemblée nationale ou dans la presse : aussi n'ai-je pas été un de ceux qui ont le moins applaudi à la pensée de l'enquête parlementaire qui se poursuit en ce moment-ci. Seulement, qu'il me soit permis d'exprimer un vœu : c'est que le budget de la marine cesse d'être le bouc émissaire des révolutions périodiques de la France. Le gouvernement devient-il un peu stable, on commence alors à comprendre qu'en définitive la flotte est un instrument nécessaire, indispensable même pour la politique, le commerce et la défense militaire du pays. Mais cette stabilité est-elle mise en péril par une révolution politique, voilà ce pauvre budget qu'on rogne à qui mieux mieux, absolument comme s'il avait été le vrai coupable de la commotion révolutionnaire. — Nous avons vu cela après 1815, après 1830 et, dernièrement encore, après la révolution de 1848. Que la commission d'enquête avise donc, si faire se peut, à constituer ledit budget de telle sorte qu'on ne puisse, à chaque bouleversement politique, le mettre sur le lit de Procuste !

Le capitaine de vaisseau, ex-commandant de la division navale des côtes occidentales d'Afrique ,

E. BOUËT-WILLAUMEZ.

Septembre 1850.

Paris, Paul Dupont,
r. Grenelle-St-Honoré, 45 (ancien 55).

9 782013 630627